छोटी-छोटी बातें

छोटी-छोटी बातें

मिथिलेश बारिया

प्रभात प्रकाशन, दिल्ली
ISO 9001:2008 प्रकाशक

प्रकाशक • **प्रभात प्रकाशन**
4/19 आसफ अली रोड,
नई दिल्ली-110002

संस्करण • प्रथम, 2017
मूल्य • चार सौ रुपए
मुद्रक • आर-टेक ऑफसेट प्रिंटर्स, दिल्ली

CHHOTI-CHHOTI BAATEIN *poems* by Mithilesh Baria ₹ 400.00
Published by Prabhat Prakashan, 4/19 Asaf Ali Road, New Delhi-2
e-mail: prabhatbooks@gmail.com ISBN 978-93-5186-839-2

ये किताब समर्पित है
जीवन की ऐसी कुछ घटनाओं को,
जिन्होंने मुझे प्रेरित किया या कहिए
मजबूर किया
'फिर' से लिखने के लिए

कुछ लफ्ज़ लिखे मैंने यूँ ही शायरी के लिए ...
क्या मालूम था इक दिन, ज़िंदगी बन जाएँगे ...

छोटी-छोटी बातें

जिनकी जेब में सिक्के थे, वो मज़े से भीगते रहे बारिश में ...
जिनकी जेब में नोट थे, वो छत तलाशते रहे ...

ये लाइनें जब लिखी थीं, तब जानता नहीं था कि इतनी पसंद की जाएँगी कि सोशल मीडिया के ज़रिए हर मोबाइल तक पहुँच जाएँगी।

वैसे लिख तो मैं पिछले 5 साल से रहा था (साल 2011), कुछ चीज़ें कई बार अख़बारों में भी छपीं, तो कई बार कुछ लाइनें बड़े लेखकों की लिखी हुई मान ली गईं। जब लिखा था, तब सोचा नहीं था कि बात किसी दिन इस किताब तक पहुँच जाएगी।

मैंने सोशल साइट ट्विटर का हाथ तब थामा था, जब ज़िंदगी में बहुत कुछ पीछे छूट गया था, खैर जाने दीजिए, वो फिर कभी।

लेकिन ट्विटर पर लिखने में एक चुनौती थी, शब्दों की बंदिश। एक ही बार में ज़्यादा लंबी बात वहाँ कहना आसान नहीं होता। बड़ी-बड़ी बातों को छोटी-छोटी बातों में कहना पड़ता है। शब्द बहुत चुन-चुनकर जमाने पड़ते हैं, 140 अक्षरों का दायरा है, ये दायरे में रहने की चुनौती शायद एक वरदान ही थी।

कभी ज़िंदगी की पेचीदगियों पर, कभी बच्चों की मासूमियतों

पर, कभी रिश्तों की बारीकियों पर, कभी प्यार की उलझनों पर, कभी देश के बनते–बिगड़ते हालातों पर, कभी गाँव–शहर के बीच में धुँधले होते फर्क पर, कभी दौलतों की दौड़ पर, कभी लफ्ज़ों के ठहराव पर लिखा, सब 'छोटी–छोटी बातों' में।

सोशल मीडिया की पहुँच बहुत गहरी होती है, ये समझ आ चुका था। लोगों ने खूब सराहा और उत्साह बढ़ाया, वक़्त के साथ एक पहचान भी मिल गई, उस पहचान का नाम था— #mbaria.

लेकिन सोशल मीडिया में जितनी तेज़ी से आपका लिखा हुआ लोगों तक पहुँचता है, उतना ही उसके चोरी होने या नकल किए जाने की संभावना रहती है, ऐसा मेरे साथ भी हुआ। तब शुभचिंतकों ने ही राह दिखाई कि इन छोटी–छोटी बातों को किताब की शक्ल में पिरोया जाए। #mbaria टैग से ट्विटर पर अब तक करीब 2500 पंक्तियाँ जमा हो चुकी हैं, ये किताब उसमें से कुछ बेहतरीन छाँटकर आपके सामने लाने की एक कोशिश है। अपनी पसंद की 500 छोटी–छोटी बातें अब आपको सौंप दी हैं, इस उम्मीद के साथ कि इस किताब को भी आपका भरपूर प्यार मिलेगा।

मैं, आपका #mbaria ...

अनुक्रम

तुम

कभी खुद के लिए नहीं लिखा, न किसी के लिए ...
कभी तुमसे, फुरसत मिली नहीं ...

तुम, मैं, हम ...
भीड़, बस इतनी चाहता हूँ ...

तुम कागज़ों पर और खूबसूरत दिखती हो ...
यकीं नहीं तो मेरी चंद नज़्में पढ़ लो ...

तुमने कुछ बातें मुझसे ...
चुप रहकर भी कही हैं ...

कई बार देखा है तुमको ...
मुझे देखते हुए ...

हर किसी की कोई–न–कोई बुरी आदत होती है ...
मेरी तुम हो ...

कभी तुम्हारा नाम, कभी सिगरेट ...
होंठों पर मेरे हमेशा, चिंगारियाँ ही रही हैं ...

वो जो गीली चद्दर झटक कर ले आती थी ...
ऐसी बारिशें कहाँ से लाऊँ ...?

मेज़ पर पड़ा वो चाय का गिलास और
मेज़ के उस ओर बैठी तुम ...
लत बड़ी अजीब सी लगी है ...

रुक गया है आसमाँ में चाँद चलते-चलते ...
अब तुम्हें छत से उतरना चाहिए ...

मैं भी उलझा हूँ देख तेरी जुल्फों की तरह ...
तू मुझ पर भी तो कभी हाथ फेर ज़रा ...

तुमसे क्या शिकायत करें कि तुम बदल गए हो,
हालात ये हैं कि हमें खुद की खबर नहीं ...

ख़ुदा जैसे मुझसे पेश आ रहे हैं वो ...
तमाम मिन्नतें मेरी, ठुकरा रहे हैं वो ...

तुम इस तरह यूँ ख़ामोश मत बैठा करो ...
कोई सुन लेगा ...

अब जो सिर नहीं तेरा मेरे काँधे पर ...
उँगलियाँ कुछ बेरोज़गार सी हैं ...

हासिल कर तुझे, खोया मैंने क्या-क्या ...?
हिसाब गर करूँ, तो ख़ुदा रूठ जाए ...

कहीं दिख न जाए तू फिर मुझमें ...
मैं अब घर में लगे आईनों से डरता हूँ ...

आख़िरी बार जब तुम्हें देखा था ...
नहीं आख़िरी नहीं था, आख़िरी नहीं था ...

एक बार ख़ुदा से तुमको माँगा था ...
फिर उम्र भर ढूँढ़ते, खुद को रहे ...

एक बार देखकर बस मुस्कुराया मुझे ...
मैं जाने कितनी ख़ताएँ भूल गया उसकी ...

किसका वास्ता देकर मैं रोकता उसे ...
ख़ुदा तक तो मेरा, बन चुका था वो ...

चले गए हो कब के ...
पर दूर अब भी जाते नहीं ...

चार कदम भी न चल पाया वो मुड़कर ...
फ़ासले जो मुझसे उम्र भर के चाहता था ...

चीज़ अपनी थी ...
लड़ते गैरों से रहे ...

जो तुमसे बिछड़ा था कोई और था ...
ये जो मैं हूँ, कोई और हूँ ...

तुझे पाने की हम उम्मीद कर बैठे ...
काश ख़ुदा माँग लिया होता ...

तुमने हाथ छोड़ा ...
तब अपनी लकीरें, नज़र आईं मुझे ...

लत तुम्हारी लगी थी ...
इल्ज़ाम, शराब पर आया ...

तुम्हारी वो साथ निभाने वाली बात ...
तुम्हारी बात आख़िरी थी ...

तुम्हारे मेरे बीच में फ़ासले हैं बहुत ...
चलो कम-से-कम कुछ तो है ...

तेरी उम्मीद रखता हूँ ...
हौसला देख मेरा, क्या सामान रखता हूँ ...

दुनिया से लड़कर तुमको पाया था ...
फिर तुम को तुम्हीं से, हार गया मैं ...

बस मुझे खुद को लौटा दो वापस ...
बाकी सब रख लो सामान मेरा ...

मुझ जैसा नहीं था ...
मुझे भूल गया होगा वो ...

तुम्हारा नाम लबों पर ...
लत शराब की, कुछ ऐसे लगी थी ...

प्यार सिर्फ किस्सों-कहानियों में होता है ...
जब किया तो ये एहसास हुआ ...

मैं जब हारा था तुमसे ...
वो जीत तुम्हारी भी तो नहीं थी ...

मैं तो कब का गुज़र चुका हूँ ...
ये जो जी रहा हूँ, तुम्हें जी रहा हूँ ...

मैं तो कातिल को भी गले लगा लूँ अपने ...
तू तय कर ले, तेरा मुझसे नाता क्या है ...?

वो मेरी बातें करता है ज़माने में ...
शौक अब तक गया नहीं उसका ...

कल नशे में तुम्हारा नाम लेता रहा ...
शराब थी जाने क्या था ...?

मेरे जाने के बाद जब मेरा फसाना सुनाया जाएगा ...
तुम देखना, तुम्हारा भी नाम आएगा ...

कितनी शराबें चढ़ाईं ...
तब जाकर तुम उतरी हो ...

मेरे पास उनके भी जवाब थे ...
जो सवाल तुमने मुझसे, कभी पूछे ही नहीं ...

□

ज़िंदगी

छोटी सी ज़िंदगी में हादसे हुए कई ...
पर रोज़ हमें लगे ज़िंदगी नई–नई ...

करते रहे ज़िंदगी से वफा की उम्मीद ...
और मौत ने गले यहाँ लगाया है हमें ...

जिस्म जब थक जाए, तो ज़ेहन दौड़ पड़ता है ...
ख़ुदा तेरी दुनिया में, कुछ तो आराम हो ...

ये जो दुनिया है, इसी को कुछ ठीक–ठाक सा कर दे ख़ुदा ...
जन्नत का हिसाब, फिर कभी सही ...

अब जलेबी की तरह जो उलझ ही गई है ज़िंदगी ...
तो क्यों न चलकर कहीं चाशनी में डूबा जाए ...

झुकी हुई उस बुज़ुर्ग की कमर ...
तजुर्बा उस पर जाने कितना पड़ गया होगा ...

उम्र कट गई ...
ज़िंदगी अब भी बाकी है ...

उम्र के उस मकाम पर हूँ ...
कि उम्र की बातें करने लगा हूँ ...

उम्र यूँ बढ़ी कि फिर ...
तजुर्बा बन गई ...

काँच के गिलास में पड़ी, उस गरम चाय के दो घूँटों में ही थी ...
और तुम ज़िंदगी को कहाँ-कहाँ ढूँढ़ते रहे ...?

एक–दूसरे को मनाने के सिलसिलों में ...
ज़िंदगी हमसे रूठ गई ...

एक बीमारी लगी है, सबको यहाँ ...
उम्र की ...

कई इम्तिहान तूने लिये ज़िंदगी ...
कभी पास आ, के कुछ सवाल मेरे भी हैं ...

काली सड़कों की सफेद पट्टियों पर,
जूझती है लाल-पीली बत्तियों से ...
थोड़ी परेशान सी, थोड़ी रंगीन सी ये ज़िंदगी ...

कौन कहता है ज़िंदगी बिकती नहीं ...?
मैंने दवाइयों की दुकानों पर, कतारें देखी हैं ...

खिलौना बन खुद, हँसाता हूँ इसको ...
रूठी है ज़िंदगी कुछ इस कदर हमसे ...

ज़रा सा रफ़ू करके देखिए न ...
फिर नई जैसी लगने लगेगी, ज़िंदगी ही तो है ...

जाने किस बात से खफ़ा है ...
ज़िंदगी, करीब आती नहीं ...

ज़िंदगी जब मिली ...पैमानों में मिली ...
मैं मयखाने में जब था, कोई बंदिश नहीं थी ...

ज़िंदगी इक कहानी सी बढ़ी जाती है ...
और मैं किरदार निभाए जाता हूँ ...

ज़िंदगी कत्ल करती है यहाँ अक्सर ...
मौत ने न जाने कितनी जानें बख़्शी हैं ...

ज़िंदगी को अपनी कभी–कभी ये दवा भी दीजिए ...
स्कूल जाता कोई बच्चा दिखे, तो मुस्कुरा दीजिए ...

ज़िंदगी बस लिखते रहे ...
मिली कभी नहीं ...

ज़िंदगी मिले तो पता बता देना ...
कई दिनों से घर लौटी नहीं है ...

वो वक़्त और था ...
तुम थीं, ज़िंदगी थी ...

ज़िंदगी में है थोड़ी ऊँच-नीच मगर ...
एक मौत सबको, यहाँ बराबर बँटी है ...

ज़िंदगी रूठी है किसी बच्चे की तरह ...
कभी कुछ माँगती है, कभी कुछ माँगती है ...

ज़िंदगी रोज़ दबे पाँव आती है घर में ...
ढूँढ़ती है मुझे, चली जाती है ...

टिकटें लेकर बैठे हैं, मेरी ज़िंदगी की कुछ लोग ...
तमाशा भी भरपूर होना चाहिए ...

डरो मत, ज़िंदगी ही तो है ...
कुछ देर रहेगी, फिर चली जाएगी ...

तू और इम्तिहान ले ज़िंदगी ...
मेरे हौसलों की स्याही अब भी बाकी है ...

नब्ज़ों से ही ज़िंदगी नहीं रहती यहाँ कायम ...
होंठों पर भी ज़रा सी, हँसी होनी चाहिए ...

परेशान ज़िंदगी से हो ...
और डर मौत से लगता है ...

मेरी इस बात से खफ़ा है ज़िंदगी ...
कि रोज़ मौत के और करीब जाता हूँ मैं ...

रिमोट टी.वी. का है हाथों में ...
और बदलना ज़िंदगी चाहते हो ...?

हमें प्यार करने को ज़िंदगी कम है ...
तुम नफरतों के लिए वक़्त लाते कहाँ से हो ...?

मैं तो फिर भी किताबों में रह जाऊँगा ज़िंदगी ...
खत्म लेकिन तू हो जाएगी इक दिन ...

वक़्त बदल देता है हर चीज़ यहाँ ...
आईने इस बात के गवाह रहे हैं ...

□

मोहब्बत

नफरतें दुनिया की, इस तरह हमने सँभालकर रखीं ...
सोच जिससे प्यार किया होगा, कैसा किया होगा ...?

मेरी आँखों में न जाने क्या देखा उसने ...?
आईने ने न जाने मुझसे क्या-क्या छुपा रखा था ...?

दिल से बड़ा हथियार नहीं ...
ज़रा सी आग लगाकर तो देखो ...

इक बार मोहब्बत हुई थी हमें ...
फिर, फिर हर हादसे से बचते रहे ...

इस कदर हालात नाज़ुक हैं इश्क़ के ...
कि हर बात उसकी, बात आख़िरी सी लगे ...

कभी पलटो पन्ने मेरे भी ...
इश्क़ की किताबों में रखा क्या है ...?

करते हो शायरी ...?
मोहब्बत भी कभी, तुम्हारा काम रहा होगा ...

चलो इश्क़ पर ही इल्ज़ाम लगा दें ...
फिर तुम अपनी राह, मैं अपनी ...

चलो ऐतबार करें ...
गलती ये फिर, बार-बार करें ...

ज़माने में हर कोई मोहब्बत न कर बैठे ...
इसलिए ख़ुदा ने हाथों में लकीरें बना दीं ...

ज़िंदगी दी ख़ुदा तो मोहब्बत क्यों बनाई ...?
देख तेरे दर पर हम दोनों लुटा के बैठे हैं ...

तीरों, तलवारों में वो बात कहाँ ...
इश्क़ के ज़ख्मों से भी कभी मर कर देखिए ...

तुमने पलकें यूँ ही झुकाई होंगी ...
कसूर हमारा था, जो मोहब्बत जान बैठे ...

तुम्हारे उस पुराने खत में अब झुर्रियाँ सी दिखने लगी हैं ...
जाने कब गुज़र जाए मोहब्बत, सोचा तुम्हें खबर कर दूँ ...

तुम्हें एक सिर्फ मोहब्बत है मुझसे ...
मुझे तुमसे जाने क्या-क्या नहीं है ...

तेरे इश्क़ में यूँ बुरा है हाल अपना ...
अस्पताल जैसे सरकारी कोई ...

तेरे प्यार की कहानी मैं लाता नहीं ज़ुबाँ पर ...
कि मोहब्बत से ऐतबार, किसी और का न उठ जाए ...

प्यार की भी उम्र होती है ...
गुज़र जाती हैं मोहब्बतें, वक़्त ढलते-ढलते ...

भूख रिश्तों को भी लगती है ...
प्यार कभी-कभी परोसकर तो देखिए ...

मज़ा टूटने का जान जाओगे ...
इक बार मोहब्बत कर के तो देखिए ...

मुझे बस हल्की सी फिक्र है तुम्हारी ...
मैं नहीं जानता प्यार क्या है ...?

मैं गर तुम होता ...
तो मुझसे मोहब्बत न करता ...

वो जो चार बातें उसने कही थीं ...
कहीं प्यार तो नहीं थीं ...?

वो प्यार नहीं था ...
वो तुम नहीं थे ...

सुराख रिश्तों में पड़ गए ...
रिस रही है मोहब्बत, ज़रा-ज़रा कर के ...

हमने मोहब्बत भी कर के देख ली ...
मरने का तरीका कोई बेहतर हो, तो बताओ ...

मयखाने ने बनाया नहीं सभी को शराबी ...
मोहब्बत का कुछ तो, नशा कर चुके हैं ...

कौन कमबख़्त कर रहा है यहाँ प्यार की बातें .?..
हाथों से उसके ज़रा जाम हटाओ ...

हर ज़ख्म पर अपने हँस देता था जो ...
कल देखा, तो मोहब्बत में रोता नज़र आया ...

हादसे रोज़ होते हैं शहर में ...
तुम्हें हुई है मोहब्बत, नया क्या है ...?

□

घर

गौर से इनको चुना कीजिए ...
दीवारें घर बनाती हैं तो गिराती भी हैं ...

तन्हाई का मेरी एक यही मुनाफा हुआ ...
घर की दीवारों से, अब दोस्ती सी है ...

अँधेरे में था, पर घर तो था ...
हम चिराग जलाने गए तो घर जला बैठे ...

अब तुम जो नहीं हो ...
कैसे इन दीवारों को घर कह दूँ ...?

उन्हें ये खुशी कि रोशनी है आज बस्ती में ...
हमें ये डर के कोई घर जला न हो ...?

उम्मीदें, ख़्वाहिशें, ज़रूरतें, ज़िम्मेदारियाँ ...
इस घर में मैं कभी अकेला नहीं रहता ...

उस खाली घर से अब भी कुछ आवाज़ आती है ...
एक बूढ़ी घड़ी टिक-टिक कर उम्र गुज़ारती है ...

एक छोटे से कमरे में न जाने वो कैसे रहते हैं ...?
इतने सारे ख़्वाबों के साथ ...

एक दिन घर लौटा तो वो नहीं था ...
फिर खुद को कभी ढूँढ़ नहीं पाया मैं ...

कमबख़्त ज़ेहन से निकलता नहीं ...
घर छोड़कर जो चला गया है ...

कुछ रहते हैं घरों में ...
कुछ को बस दीवारों ने घेर रखा है ...

घर जलाया उन चिरागों ने ...
जो कहते थे रोशनी होगी ...

घर से उसके कुछ सामान न मिला ...
शायरी का उसको कभी शौक रहा होगा ...

घोंट आए थे, जहाँ हम कभी मोहब्बत का गला ...
वो घर अब भी साँस लेता है ...

चलो, अब चलें ...
उन चार दीवारों को घर कर दें ..

जब घर जला मेरा ...
कुछ लोग रोशनी को भी आए ...

ताले लगे अपने घर की, मैं जेबों में चाबियाँ टटोलता हूँ ...
उधर चद्दर में लिपटा सड़क पर घर किसी का पड़ा हुआ है ...

तुम बात करते हो सरहदों की ...?
मैंने घरों में दीवारें देखी हैं ...

तुम्हें बस रोशनी नज़र आई ...?
मैंने कुछ घर भी जलते देखे ...

धूल लगे बरतन रोज़ नई कहानियाँ पकाते हैं रसोई में ...
वो रोज़ देर से आता है, भूखा सो जाता है ...

पूरा घर खाली था ...
बस कोने में ज़रा सी उम्मीद पड़ी थी तुम्हारी ...

मोबाइल के बटन दबते हैं यूँ अब ...
हम घरों की घंटी बजाना भूल गए ...

मोबाइलों ने मिटा तो दी हैं दूरियाँ ...
पर अब घरों में अक्सर, मुझे अपने नज़र नहीं आते ...

यादें बिखरी पड़ी हैं तेरी, घर के हर कोने में ...
लोग जाने क्यों कहते हैं खाली है मकाँ मेरा ...?

रात को मैं खिड़कियाँ बंद करता हूँ अपने घर की ...
जाने वो क्या करते हैं, जिनके घर नहीं होते ...?

रात को रोज़ देर से आते हो घर पर ...
और घर एक नया और लेना चाहते हो ...

लौटता हूँ तो दीवारें ही मिलती हैं ...
कई दिन हुए घर से मुलाकात हुई नहीं ...

वो जो उस मोड़ पर मकान दिख रहा है ...
कभी वहाँ एक घर था ...

सँभालकर इसे रखा कीजिए ...
घर जो रूठ जाए, दीवार हो जाते हैं ...

ख़्वाहिशों से भरा पड़ा है घर इस कदर ...
रिश्ते ज़रा सी जगह को तरसते हैं ...

हर एक के पास न जाने कितने किस्से थे, कहानियाँ थीं ...?
सामान जो घर से निकले सब अफ़साने ले गए ...

दूर जल रही इमारतों की बत्तियाँ कह रही हैं मुझसे ...
ज़रा सी जलन हो ज़माना देखता है ...

घड़ी की उन दो सुइयों के सिवा उस घर में ...
सबकुछ रुका हुआ था, सबकुछ ...

तुम तन्हाई की बातें न करो ...
तुम्हारे घर से मयखाना करीब है ...

ख़्वाहिशें रोज़ दंगे करती हैं घर में ...
रिश्तों में अक्सर, कर्फ़्यू लग जाते हैं ...

सामान बिखरा सारा सँभाल लिया घर में मैंने ...
बस एक खुद को समेट न पाया ...

□

बच्चे

बचपना अब भी वही है हम में ...
बस ज़रूरतें बड़ी हो गई हैं ...

अभी रोते-रोते सोया है, मैंने तारे भी दिखाए आसमानों के ...
उसकी ज़िद थी, खिलौने चाहिए ...

आँखें उस बच्चे की ...
तुमने किताब कोई बेहतर पढ़ी हो, तो बताओ ...?

उम्र लड़ती है तपतपाती धूप से ...
बच्चों को चाँद क्या, सूरज क्या ...?

उसने सुबह उठकर खाली स्कूटर बड़ी देर तक हिलाया ...
बच्चे समझदार थे, स्कूल पैदल निकल गए ...

एक गोला बनाया कागज़ पर बच्चे ने और पीला रंग भर दिया ...
तुम सिर्फ वादा करते रह गए चाँद का, सूरज का ...

ऐ ख़ुदा मुझे मेरी खोई ज़िंदगी न लौटा सके तो कोई बात नहीं ...
उस रोते हुए बच्चे को हो सके तो उसकी गेंद लौटा दे ...

कई बचपनों की लाशें देखी हैं मैंने इन बस्तियों में ...
फिरती रहती हैं ज़रूरतें यहाँ कातिलों की तरह ...

चवन्नी के बर्फ़ के गोले चूसकर कर लेते हैं होंठ लाल ...
बच्चे कभी दौलतों के लिए दिल काला नहीं करते ...

जब किताबों से ऊब जाता हूँ ...
किसी छोटे बच्चे की कॉपी पढ़ता हूँ, डूब जाता हूँ ...

ज़रा सी मिट्टी मुट्ठी में लेकर खुश हो जाते हैं ...
बच्चे ज़मीनों के लिए लड़ा नहीं करते ...

जिनसे खेलने की उम्र है उसकी ...
वो उन खिलौनों को सड़क पर रखकर बेचता है ...

जो सोचता था, बोल देता था ...
बचपन की आदतें, कुछ ठीक ही थीं ...

तुम गुमसुम हो अपनी अधूरी ख़्वाहिशों में ...
ज़रा उस बच्चे की आँखों में देखो, जो गेंद गुमा कर बैठा है ...

तुम्हारे हाथों को फुरसत न मिली टी.वी. के रिमोट से ...
बच्चा खुद अपनी उँगलियाँ गिनते-गिनते सो गया ...

दुनिया की दौलतों से वाक़िफ़ नहीं बच्चे ...
ये जेब में चवन्नी हो, तो सिकंदर हो जाते हैं ...

नीयत जिनकी बच्चों सी हो ...
लोग वो कितने, बड़े हो जाते हैं ...

बच्चा गर स्कूल से जूते गंदे कर आया है ...
यूँ समझो कि कुछ सीख कर आया है ...

बच्चे झगड़ रहे थे मोहल्ले के, जाने किस बात पर ...
सुकून इस बात का था, न मंदिर का ज़िक्र था न मस्जिद का ...

बच्चों की वो नीली लकीरों वाली कॉपियाँ ...
ज़िंदगी की किताब उससे बेहतर कोई पढ़ी हो, तो बताओ ...?

बच्चों से न कीजिए चाँद-सूरज का वादा ...
ये चार कंचों में ही खुश हो जाते हैं ...

बड़ा हो कर अब मैं ...
बच्चों सी नींद चाहता हूँ ...

बस सेवइयाँ खाते हैं और गुजिया चबाते हैं ...
ये ईद और दिवाली बच्चों को समझ कहाँ आते हैं ...

बू आती है उस बच्चे के बदन से ...
जो गजरे हाथ में लिये, ट्रैफिक सिग्नलों पर बेचता है ...

मिट्टी में खेलते उस बच्चे को देख याद आया ...
पैरों को ज़मीं से मिले एक अरसा हो गया ...

मेरे पास एक नदी थी, एक पेड़ था, एक छोटा पहाड़ था ...
मैं खिलौनों की दुकानों से वाक़िफ़ नहीं था ...

मैंने सँभालकर रखे हैं कुछ पुराने खत और लिफ़ाफ़े ...
कल बच्चे ये न पूछ लें, डाकिया कौन था ...?

सच बोलने से अब डरने लगा है ...
वो बच्चा बड़ों सी बातें करने लगा है ...

सलीके से रखी बस्ते में, उस बच्चे की कॉपियाँ ...
और एक हमसे अपनी, ज़िंदगी सँभलती नहीं ...

सुबह उठकर आँखें मलता बच्चा ...
तुमने जन्नत कोई और देखी हो, तो बताओ ...?

सुबह–सुबह स्कूल की बसों में ...
उम्मीदें ही स्कूल जाती हैं ...

स्कूल बस की खिड़कियों से झाँकते बच्चे ...
चलता-फिरता जैसे बागीचा कोई ...

बचपन में कहीं छूट गया था पीछे ...
घर से निकलूँगा, फिर वही इतवार ढूँढ़ने को ...

बच्चे खेलते थे कंचे गलियों में ...?
तुम कहाँ से आए हो, किस ज़माने की बात करते हो ...?

स्कूल से लौटता एक बच्चा देख याद आया ...
बहुत दिनों से कुछ नया, सीखा नहीं हमने ...

मैं जब भी पुरानी स्कूल की इमारत की बगल से गुज़रता हूँ ...
सोचता हूँ मुझे बनाकर खुद टूट सी गई है ...

कल जिसकी खबरें पढ़कर तुम परेशान से थे ...
बच्चा उसी अख़बार की आज नाव बनाकर बहा आया है ...

□

गरीब

तुम खौफ़ खाते हो अँधेरी रातों से ...
कभी किसी गरीब की पहली तारीख भी देखा करो ...

इसलिए भी वो भीगता रहा अकेला बारिश में ...
एक सिर्फ वही था, जिसकी जेब में मोबाइल नहीं था ...

अपने बच्चों को आसमाँ में फूटते पराए रॉकेट दिखाता है ...
वो दिवाली हर साल, कुछ इस तरह मनाता है ...

आज फिर दिन पूरा हो गया ...
कुछ ख़्वाहिशें अधूरी छोड़कर ...

आज फिर बच्चों ने, हाथ न लगाया ठंडी रोटियों को ...
कल नौकरों के यहाँ, फिर दावत मनाई जाएगी ...

उसकी उस फटी कमीज़ से ...
उसकी ईमानदारी साफ नज़र आती है ...

कसम खाकर कहा उसने ...
कि वो भूखा है सुबह से ...

खुद को ज़िंदा रखने के लिए ...
वो चूहे मारने की दवा बेचता है, घर-घर जाकर ...

ज़रा सी आहट से वो जग जाता है रातों में ...
ख़ुदा बेटी दे गरीब को तो दरवाज़ा भी दे ...

जिस केरोसिन को छिड़ककर, उसने खुद को आग लगाई थी ...
वो भी वह दो घंटे कतार में, खड़ी होकर लाई थी ...

जेब में उसकी शायद दस–बीस के ही नोट होंगे ...
ए.टी.एम. की रखवाली में जो चौकीदार, पूरी रात जागता है ...

ताकि खुद अपने घर के बरतनों में खाना रहे ...
वो चार घर के बरतन और माँजती है ...

तुम नींद में ए.सी. का रिमोट ढूँढ़ते रहे ...
वो फटे कंबल में रात भर जगता रहा ...

तुम्हारी कार पेट्रोल से चलती है ...
उसकी पैडल रिक्शा हिम्मत से ...

तुम्हारी दाल में नमक कम है ...
उसकी थाली में दाल ...

तुम्हें ए.सी. बगैर नींद नहीं आती ...
उसका पंखा बिजली को तरसते-तरसते सो गया ...

नई ज़रूरतें पैदा होती रहीं ...
लोग पुराने मरते रहे ...

फुटपाथ पर आज भी भूखे सो जाते हैं ...
नेता झूठी जिनकी, न जाने कब से कसमें खाते हैं ...

बचे हुए सिक्के गुल्लक में डाल देते हैं ...
गरीबों के घरों में हिसाब नहीं होते ...

बच्चा जिसका रात में अक्सर भूखा सो जाता है ...
सुना है गलियों में वो चाट के ठेले लगाता है ...

बच्चे भूखे सो गए गुठली बनकर ...
ये नज़ारा रोज़ आम आदमी के घर रहा ...

बाज़ार से जब लौटा तो ...
थैला खाली था, आँखें भरी ...

बारिश में भीगने का डर नहीं है उसे ...
आसमान से ज़्यादा छत टपकती है घर की ...

बेटी के उसके, अब तक हाथ हुए नहीं हैं पीले ...
रोज़ शादियों में जो, बाजा बजाता है ...

मुँह बनाकर जिस बासी खाने को तुम रात फेंक आए थे ...
मुस्कुराता एक शख़्स उसे सुबह खा गया ...

वो अधनंगा बच्चा ठीक उसी दुकान के बाहर खड़ा था ...
चमचमाते नए कपड़े, जहाँ पुतलों ने पहन रखे थे ...

वो खिलौने बेचनेवाला, जब शाम को घर जाता होगा ...
जाने अपने बच्चों के लिए क्या ले जाता होगा ...?

वो मंदिर के बाहर माँग रहा था ...
तुम अंदर ...

वो मोटरसाइकिल की ज़िद कर बैठा है उससे ...
जिस बाप के पास खुद अपनी साइकिल नहीं है ...

शाम की बची-खुची सब्ज़ियाँ उसके ठेले पर ...
कुछ अधूरी ख़्वाहिशें हों, जैसे कोई ...

ख़्वाहिश उनकी एक पुरानी साइकिल की है ...
इमारतों के नीचे, जो महँगी गाड़ियाँ धोते हैं ...

वो रोज़ नया बहाना करके घर लौटता है ...
बच्चों की पुरानी ज़िदें टालने के लिए ...

इमारत एक गिरने को आई तो खबरों में छा गई ...
झोंपड़ियों की क्या औकात, के ज़िक्र भी हो ...

मैंने तो बस हँस के देखा था उसे ...
न जाने क्यों मैं उसका, ख़ुदा हो गया ...

□

रात

रात आई तो सहम सा गया ...
बातें जो मुझसे तारों की करता था ...

चाँद क्यों न इतराए इतना ...?
रातों ने उसे सिर पर जो चढ़ा रखा है ...

चाँद भी झाँकता है, खिड़कियों से ...
मेरी तन्हाइयों की चर्चा अब आसमानों में है ...

टूटी छत से टपकता है चाँद ...
बारिशों सी हरकतें भी कभी-कभी करता है चाँद ...

ये उगता सूरज बड़ा बदतमीज़ है ...
इसे चाँद की तहज़ीबें सिखाओ ज़रा ...

हम पर लगे हैं दाग तो बदनाम हैं हम ...
और लोग करे हैं चाँद पर शायरी, माजरा क्या है ...?

जाने मेरी कितनी ख़्वाहिशों का बोझ उठा कर ...
ये तकिया रोज़, मेरे साथ सो जाता है ...

नींद मुझे रातों में आने लगी है आजकल ...
बची-खुची मोहब्बत मुझमें, शायद गुज़र गई ...

नींदें इस कदर रूठी हैं मुझसे ...
खाली हाथ घर लौटे शख़्स का, जैसे बच्चा कोई ...

मुझे तो नींद कब की आ जाती है ...
तुम जागती रहती हो मुझमें, रातों में ...

मैंने तारों को गिरते देखा है आसमानों से ...
पर कभी परिंदे गिरते नहीं देखे ...

इंसा हूँ मैं अँधेरों में कैसे न बिखर जाऊँ ...?
मैंने तारों को भी टूटते देखा है अक्सर रातों में ...

इतनी मिन्नतें करते तो रुक जाती रात भी ...
तुमने मगर आवाज़ तक मेरी सुनी नहीं ...

इस तरह गुज़ारी हैं रातें मैंने ...
उम्र हो जैसे कोई ...

कई रातें हो गईं ...
नींदों को मैं आता नहीं ...

कैसे–कैसे दिन देखे ...
सूरज देखा, चाँद देखा, तारे भी तेरे बिन देखे ...

घड़ी की टिक-टिक में ...
रातों को सारी रात सुना हमने ...

जाने क्या ताकता है, वो रोज़ आसमानों में ...?
जाने क्या-क्या खो चुका है वो ...?

दूर वो जो पहाड़ है न, सूरज को रोज़ हरा देता है, रोज़ ...
मैं रोज़ देखता हूँ, हर शाम ...

पलटकर नहीं देखा सुबह उस शमा को किसी ने ...
रात भर जो रोशनी को जलती रही ...

फिर रात है, फिर तुम नहीं हो ...
न जाने इन चाँद-तारों को, मालूम भी है या नहीं ...

बस रह गई यादों की दौलत रातों में ...
सवेरों ने न जाने क्या-क्या छीना मुझसे ...

मैं नींदों का सौदा अभी कर के लौटा हूँ ...
रातों से कहे कोई, हालात काबू में हैं ...

मेरी तन्हाई भी चाँद–तारों सी है ...
ज़रा सी रात हो, ज़माना देखता है ...

मैं रातों के अँधेरे में लिखता हूँ ...
रोशनी, तेरे ख्यालों की रहती है ...

मैंने चाँद को देखा है रातें सँभालते हुए ...
तुम भी कभी यूँ करो, मेरा हाथ थाम लो ...

स्टूल पर चढ़कर बल्ब उतारते हुए, वो गिरा है अभी ...
जो कभी कहता था, आसमान से तारे तोड़कर लाएगा ...

मोबाइल बजता रहता है तकिए के बगल में ...
रिश्ते ख़ामोश होकर, कब के सो गए ...

आदमी फिर भी थक-हार कर सो जाता है ...
शहर जागता रहता है रात भर ...

रोज़ उठकर सुबह ढूँढ़ता हूँ तुझे ...
ख़्वाब भी आते हैं तेरे कमबख़्त, हकीकतों की तरह ...

नींदें वफा को तरसती हैं मेरी ...
रातों से मोहब्बत का अंजाम है ये ...

जिस्म फिर भी थक-हारकर सो जाता है ...
ज़ेहन का भी कोई बिस्तर होना चाहिए ...

□

लफ़्ज़...किताब...कागज़...पन्ने...

कागज़, कलम, मेज़, पन्ने ...
आओ मेरे कुछ दोस्तों से मिलो ...

हर एक चीज़ का, कोई अफ़साना है, कोई कहानी है ...
घर मेरा, तेरे जाने के बाद, इक किताब सा है ...

ज़रा सी बची हुई शराब उस बोतल में ...
कुछ गज़लें उसकी अधूरी रह गई होंगी ...

कलमें रौंदती रहीं कागज़ों को ...
लोग वाह-वाह कहते रहे ...

कहीं लिख न बैठूँ, फिर तुम्हें ...
मैं मेज़ पर पड़े उन कागज़ों से डरता हूँ ...

की–बोर्ड के बटन, अब दबते हैं इस कदर ...
कोने में पड़ी वो कलम, उन दो उँगलियों को तरसती है ...

कागज़ों में कलम लेकर ...
रोज़ तुम्हें ढूँढ़ने निकल जाता हूँ, रोज़ ...

तुम लौटोगी नहीं ये बात मैं जानता हूँ ...
कलम और कागज़ों को पर मालूम है कहाँ ...?

फिर कागज़ों पर लिख आया हूँ तुम्हें ...
फिर ज़रा सा, मिटाया है खुद को ...

मैं रोज़ कागज़ों से झगड़ता हूँ, रोज़ हार जाता हूँ ...
तुमसे कभी जीत नहीं पाया ...

उस किताब में एक खत था पुराना दबा हुआ ...
उस किताब में इक कहानी, मेरी भी थी ...

एक दिन तुम्हारी और मेरी दास्ताँ पर एक किताब लिखूँगा ...
हाँ और आख़िर के कुछ पन्ने, खाली छोड़ दूँगा ...

कभी चेहरों को भी पढ़ा करो ...
सभी दास्तानें किताबों में नहीं होतीं ...

तस्वीर तुम्हारी न बना सकूँ तो क्या ...?
मैं रोज़ कागज़ों पर लिखता हूँ तुम्हें ...

किस्सा बनाकर रख दिया इस ज़िंदगी ने ...
वरना एक शख़्स था मैं भी कभी ...

कॉपी के आख़िरी पन्ने पर तुम्हारा नाम लिखा था ...
ज़िंदगी की किताब, वहीं से शुरू हुई थी ...

कोशिश जारी है तुम्हें भूलने की ...
पन्ने काम आ रहे हैं ...

गज़ब ढाती हो ...
जब कागज़ों के तुम करीब जाती हो ...

चिपकी पड़ी हैं कुछ मोम की बूँदें उस पुरानी मेज़ पर ...
कौन कहता है कहानियाँ, सिर्फ किताबों में होती हैं ...?

ज़माने को क्या मालूम जुदाई का दर्द ...?
शेरों में भी अफ़साने, क्या खाक लिखे जाते हैं ...?

जिन बातों को खुद से छुपाया था ...
उन्हें कागज़ों को बताया है ...

कुछ गुफ्तगू न हुई मगर ...
वो ख़ामोश रहकर अपनी दास्ताँ सुना गया मुझे ...

बस कुछ ही पन्नों तक ज़िक्र था मेरा ...
तुम्हारी–मेरी मोहब्बत की, वो किताब ऐसी थी ...

चुप रहकर वो दूरियाँ मिटाईं ...
जो लफ्ज़ों ने बढ़ाई थीं ...

अब भी बिकता है, उस पुरानी किताब की दुकान पर ...
कौन कहता है उस शायर की, कीमत नहीं रही ...?

मैं उस किताब का आख़िरी पन्ना था ...
मैं न होता तो कहानी खत्म न होती ...

मैं खुली किताब था उसके लिए ...
उसने मगर मेरे कुछ पन्ने, पढ़े ही नहीं ...

वो चुप है ...
फिर भी किताब सी लगे मुझे ...

वो मुझे किसी पुरानी किताब की तरह ...
रखकर कहीं भूल गया ...

अल्फ़ाज़ों को मेरे, डाँटकर चुप कराती है ...
ख़ामोशी मेरी, शोर कितना मचाती है ...

आशिक था एक मेरे अंदर, कुछ साल पहले गुज़र गया ...
अब कोई शायर सा है, अजीब–अजीब सी बातें करता है,
अजीब–अजीब सी ...

इश्क़ से बनी नहीं ...
दोस्ती, कागज़ों से हो गई ...

उस कोरे कागज़ पर खुद को ...
कितनी बार लिखा था, कितनी बार मिटाया था ...

उसका हर लफ्ज़ साँस लेता है इस कदर ...
वो लिखता है तो, ज़िंदगी हो जाता है ...

कलम नाराज़ होकर बैठी है ...
चंद लफ्ज़ समझाने में लगे हैं ...

ख्याल सँभालकर रखिएगा ...
कहीं लफ्ज़ न हो जाए ...

ज़रा-ज़रा सा रोज़ तुझे, इन शेरों में डालता हूँ ...
तुझे दिल से निकालने की, बस ये तरकीब बाकी है ...

तलवारों से मिजाज़ हैं इनके ...
म्यान में लफ्ज़ों को, रखो मियाँ ...

तेरे हुस्न को बयाँ करने के काबिल नहीं मैं ...
के मुझे अब भी कुछ लफ्ज़ों की तलाश है ...

मेज़ पर पड़ा वो कोरा कागज़ ...
जाने किस कहानी को तरसता है ...?

मेरे शेरों में अब भी साँस लेता है ...
कौन कहता है गुज़र गया है वो ...?

मैं दाने डालता हूँ ख्यालों के ...
ये लफ्ज़ कबूतरों से चले आते हैं ...

मैं बयाँ करता रहा अपना हाल शेरों में ...
वो समझता रहा लफ्ज़ों की जादूगरी इसे ...

लफ्ज़ सिर रखकर सो गए ...
ज़ेहन के तकिए पर ...

लफ्ज़ों को यूँ कम न आँकिए साहब ...
चंद जो इकट्ठे हों, तो शेर हो जाते हैं ...

लिखने की न आदत थी, न आरज़ू ...
ये हुनर वो मुझे, जाते-जाते सिखा गया ...

है बहुत मुश्किल दिल से लबों तक का सफर ...
मैंने कुछ लफ्ज़ों को आपस में ये कहते सुना है ...

तुम एक पूरी कहानी थी मेरी ...
मैं तुम्हारा, फकत एक किरदार भर था ...

मैं भी लिखता मोहब्बतों पर गज़ल ...
उसने ज़रा सी वफा, निभाई तो होती ...

मैंने बड़ी ईमानदारी से अपना किरदार निभाया ...
पर मेरी कहानी ने मुझसे वफा न की ...

उस बंद शराब की बोतल में ...
जाने कितने अफ़साने कैद हैं ...

एक प्याला शराब का ...
और कहानियाँ कैसी–कैसी ...?

•

वही शख़्स बैठा है ख़ामोश महफिल में ...
जो दास्तानें सारी लिये बैठा है ...

□

मैं

आईना रूठा-रूठा सा था ...
हमने अपने होंठों पर, ज़रा सी हँसी लगा दी ...

कल कुछ लोग हँसे थे मुझ पर ...
एक कमबख़्त आईने में भी था ...

इल्ज़ाम लगे इस कदर मुझ पर ...
कि अब खुद पर ऐतबार सा कम है ...

कल जिसे ढूँढ़ता रहा मैं रात भर घर में ...
आज सुबह मुझे, आईने में मिला ...

और मैं बिखरा तो फिर बिखरा ही रहा ...
मेरे कुछ मोती, फिर मिले ही नहीं ...

कई दिन हो गए ...
मेरी मुझसे बात नहीं हुई ...

खुद से कुछ वादे किए थे कभी ...
आईने घर के, रोज़ याद दिलाते हैं ...

कहाँ-कहाँ ले जाता, किस-किस को बताता परेशानियाँ अपनी ...
हर शख़्स मुझे लगे है, यहाँ परेशाँ और ज़्यादा ...

किस्मत जैसी जहाँ में कोई चीज़ नहीं है होती ...
वो तो कुछ लोग हैं जहाँ में, जिन्हें खुद की फिकर नहीं ...

खुद को ज़िंदा रखा है ...
और भी कुछ चीज़ें हैं, जिनको सँभाल रखा है ...

जब हाथ आसमाँ तक नहीं पहुँचते ...
मैं पैर, बुज़ुर्गों के छू लेता हूँ ...

जानता हूँ खुद को ...
इसलिए खुद से बहस नहीं करता ...

मेरी उम्र का अंदाज़ा नहीं उसे ...
वो अब तक चुप बैठा है ...

न जाने कौन यहाँ जान का दुश्मन बन बैठे ...?
कत्ल किया मेरा, मेरी सादगी ने ...

बस मुझे खुद को लौटा दो वापस ...
बाकी सब रख लो सामान मेरा ...

बहुत कुछ खोया है मैंने यहाँ पर ...
उनमें मुझे जो सबसे अज़ीज़ था, मैं खुद था ...

मुझसे मिलने वो अकेला नहीं आया था ...
उसके साथ एक मोबाइल भी था ...

मुझे मेरे हाल पर छोड़ दो ...
मैं ज़िंदा रहा तो मर जाऊँगा ...

मेरा एक नाम है ...
पर मेरी पहचान वो नहीं है ...

मेरी तकदीरों के कंधों पर ...
थैले नहीं थे ...

मेरी शक्ल पर मेरे हौंसले नज़र नहीं आते ...
मेरी हरकतों पर भी गौर ज़रा कर के देखो ...

मेरे हालात ठीक नहीं थे ...
उसकी नीयत ...

मैं कहता हूँ कब्रें हैं ...
वो कहता है ताजमहल है ...

मैं बहुत आम हूँ ...
मेरी बस यही एक खास बात है ...

मैं भी किरदार हूँ किसी कहानी का ...
खुद को निभाए जा रहा हूँ ...

सिगरेट पीता हूँ बुज़ुर्गों से छुप-छुपकर ...
कुछ आदतें बुरी हैं, कुछ सही भी हैं ...

हम से इक अपनी हँसी छुपाई नहीं जाती
और इक ज़रा सा हँस के, क्या-क्या छुपा लेते हैं लोग ...?

अकेला सा घूमता-फिरता हूँ इस नए शहर में ...
वही पुराना-पुराना सा मैं ...

इस बेरुखी से वो देखता है मुझे ...
कहीं कोने में पड़ा, जैसे अख़बार कल का कोई ...

वही किस्से, वही कहानियाँ मिलेंगी हमेशा मुझमें ...
मैं कोई अख़बार नहीं, जो रोज़ बदल जाऊँ ...

कुछ बातें समझा नहीं अब तक ...
कुछ रिश्ते अब भी कायम हैं ...

□

देश

डामर, कंकरों, पत्थरों में थोड़ी ईमानदारी मिलाई जाए ...
देश में सड़कें, कुछ ऐसे बनाई जाएँ ...

आज उसी अख़बार में रोटियाँ लपेटकर ले आया हूँ ...
कल जिसकी खबरें पढ़कर, कुछ भूख सी नहीं थी ...

इक ज़रा सी बारिश क्या आई ...
सड़कें सब सरकारी हो गईं ...

उस नंगे बदन बच्चे से खरीदकर तिरंगा ...
देखो हमने भी ज़रा सी देशभक्ति ओढ़ ली ...

खाते रहे नेता कसमें ...
गरीब भूखा था, भूखा ही रहा ...

चलो ज़मीनें बाँट लें ...
दो मुट्ठी तुम्हारी, दो मेरी ...

चार पार्ले-जी के बिस्कुट,
दो बूँदी के लड्डू और मुट्ठी भर नमकीन ...
15 अगस्त की कभी, ये पहचान भी थी ...

पिछले चुनाव की छुट्टी में तो
तुम लॉन्ग ड्राइव पर निकल गए थे ...
आज गड्ढे हैं सड़कों पर, तो ऐतराज़ कैसा ...?

प्याज, टमाटर महँगे होते रहे ...
आदमी आम ही रहा ...

बाढ़, भूकंप, दंगे, चुनाव ...
फौजी सिर्फ सरहदों पर नहीं लड़ता ...

बेचते हैं वो ट्रैफिक सिग्नलों पर तिरंगे ...
कुछ अब भी भूखे, कुछ अब भी नंगे ...

नए पुतले खड़े हैं नेताओं के हर चौराहे पर ...
सड़कें अब भी वैसी हैं ...

इस कदर अहमियत, न दीजिए खबरों को ...
ये चनों से लिपटकर, पाँच रुपए में बिक जाती हैं ...

खबरें फौजियों के मरने की छपती रहीं ...
अख़बार रद्दियों में बिकते रहे ...

रोज़ एक खत लिखता है, मेरा देश मुझे ...
रोज़ मेरे घर पर एक अख़बार आता है ...

दरवाज़ों तले दबे अख़बारों में ...
इश्तिहारों ने खबरों को दबा रखा है ...

जाने किस पर क्या इल्ज़ाम आया है ...?
सरक कर दरवाज़े के नीचे से फिर अख़बार आया है ...

□

माँ

माँ, माँ वो है ...
जो चार दीवारों को घर कर दे ...

आज कॉलेज गया बेटा नई मोटरसाइकिल पर ...
कल माँ के हाथों में एक कंगन नहीं था ...

एक छोटा नया जूता दिखा सड़क पर पड़ा हुआ ...
कोई माँ मायूस होगी कहीं, कोई बच्चा कहीं रोता होगा ...

एक रोता हुआ भूखा बच्चा था उसके हाथों में ...
अब इसके आगे, उस माँ की दास्ताँ क्या कहूँ ...?

और क्या कहूँ क्या बीती उस माँ के दिल पर ...?
साड़ी लाने वाला बेटा, आया तिरंगे में लिपटकर ...

घड़ा सिर पर रख, पानी बड़ी दूर से लाती है ...
माँ की होली तो रोज़ होती है, वो रोज़ भीग जाती है ...

छुट्टी इतवार की ...
माँ का ओवरटाइम ...

जब माँ के माथे की लकीरें बढ़ने लगीं ...
तब भाइयों ने आपस में ज़मीनें बाँट लीं ...

दबी-सिकुड़ी हुई वो तेरे डिब्बे की दो रोटियाँ,
कहीं बिकती नहीं ...
माँ महँगे होटलों में आज भी, भूख मिटती नहीं ...

प्याज काटते हुए माँ की आँखों में जो पानी था ...
उस दिन वो प्याज की वजह से नहीं था ...

बहन, बेटी, माँ, बीवी ...
वो ज़रूरतों के हिसाब से बाँट ली गई ...

माँ अब भी पूछती है 'खाना खाया कि नहीं?' ...
मुझे जब से होश है, ये सिलसिला कायम है ...

माँ उसकी घंटों खाने पर इंतज़ार करती है ...
आधे घंटे में पिज्ज़ा, जो तुम्हारे घर ले आता है ...

माँ ने आख़िरी रोटी भी मेरी थाली में परोस दी ...
जाने क्यों मस्जिदों में, ख़ुदा ढूँढ़ता हूँ मैं ...?

माँ ने कुछ रुपए, आटे के डिब्बे में छुपाए थे ...
ख़्वाब कुछ मेरे, ऐसे पकाए थे ...

माँ फिर सो गई इंतज़ार करते-करते ...
फिर ठंडी रोटियों ने बात कीं मुझसे देर रात तक ...

माँ के ऊन के गोलों सी ...
उलझी हुई ये ज़िंदगी ...

□

आँखें

आँखों से कुछ कहती हो, लबों से कुछ और ...
दिल से कुछ कहो, तो हम अपनी बात करें ...

होंठों ने सब बातें छुपा कर रखीं ...
आँखों को ये हुनर, कभी आया ही नहीं ...

आँसुओं से जब धुली आँखें ...
वो शख़्स साफ-साफ नज़र आया ...

आँखों में गर हो नमी तो बस ये ख्याल रहे ...
ज़रा सी हँसी, होंठों पर भी होनी चाहिए ...

इन पलकों ने आँखों से ...
जाने क्या-क्या छुपा रखा है ...?

कई दिनों से निकले नहीं हैं आँसू ...
वो शख़्स मुझमें, कहीं गुज़र गया शायद ...

कुछ आँसू बड़े खुद्दार थे ...
निकले ही नहीं ...

कुछ तो हुनर है उसकी आँखों में ...
कैद भी कमबख़्त, रिहाई सी लगे ...

झूठ बोलती हैं आँखें भी तुम्हारी ...
लबों से नज़दीकियों का अंजाम है ये ...

वो आँसू जब होंठों पर पहुँचा ...
समंदर हो गया ...

तुमने आँखों तक से झूठ कहा था मुझसे ...
और मैं ऐतबार तुम्हारे लबों का करता रहा ...

लबों को इस कदर हया आती है ...
आँखों को भी तो कुछ तहज़ीब सिखाओ ...

वो मुझे देख मुस्कुराता रहा ...
मैं आँखों में जाने क्या-क्या छुपाता रहा ...?

□

दौलत

जिनके पास सिर्फ सिक्के थे, वो मज़े से भीगते रहे बारिश में ...
जिनकी जेब में नोट थे, वो छत तलाशते रहे ...

यही चाँद और सूरज देखे अकबर ने भी ...
मैं खुद को क्यों न बादशाह समझूँ ...?

अगर एक और दो रुपए के सिक्के न होते ...
जाने फकीरों का क्या होता ...?

अपनी किस्मत पर नाज़ है हमें ...
वो जो बादशाह थे कभी, कब्रों में दबे हैं कहीं ...

कुछ सिक्के जेब में लेकर चलता हूँ,
जब भी घर से निकलता हूँ ...
जाने किस मोड़ पर सस्ती, दुआएँ मिल जाएँ ...

चावल जूठा, थाली में छोड़ देते हो ...
रिक्शेवाले से फिर, दो रुपए के लिए क्यों झगड़ते हो ...?

जो दौलतें ढूँढ़ रहे हैं मेरी ...
उन्हें मेरे कुछ शेर पढ़ाओ ...

पैसा चमकने लगा ...
और जंग रिश्तों में लग गई ...

भाइयों ने झगड़कर घर में एक दीवार बना दी ...
और उसी दीवार पर बाबूजी की एक तस्वीर लगा दी ...

बटुए को कहाँ मालूम था पैसे उधार के हैं ...
वो फूला तो फिर फूला ही रहा ...

बिक जाते हैं यहाँ सड़कों पर, ज़मीर पचास रुपए में ...
कौन कमबख़्त कहता है, महँगाई बहुत है ...?

वो जो बैठे हैं आलीशान महलों में ...
जाने क्या-क्या लुटाकर बैठे हैं ...?

चलो दौलतों की बात करें ...
कहो, दोस्त कितने रखते हो ...?

जो दोस्त कहते थे मुझे, अब नज़र नहीं आते ...
दौलतें अपने साथ जाने क्या-क्या ले गई ...?

बटुआ जब हल्का था ...
रिश्तों में वज़न बहुत था ...

□

मज़दूर

बन के खड़ी हुई जो इमारत, कई आशियाने बसे ...
जो मज़दूर गिर के मरा था, सिर्फ अख़बार में रहा ...

ए.टी.एम. ठहरे हैं ए.सी. में ...
और वो खाली फुटपाथ को तरसे ...

आज समझा मैं आशियाने का मतलब ...
आज इमारतें बनानेवालों के, कुछ घर देखे मैंने ...

इमारतें बनती हैं रोज़, हर रोज़ ...
मज़दूरों के दफ्तरों में, इतवार नहीं होते ...

एक खाली बोरी सीमेंट की और दो ईंटें ...
खिलौने भी होते हैं, कभी कैसे, कभी कैसे ...?

कभी इस इमारत पर दिखते हैं,
कभी उस इमारत पर नज़र आते हैं ...
दफ्तर मज़दूरों के, रोज़ बदल जाते हैं ...

खड़े रहते हैं चुपचाप, कुदाली कंधे पर लटकाए दिखते हैं ...
इस शहर में एक चौराहा ऐसा भी है,
जहाँ रोज़ मज़दूर बिकते हैं ...

धूल भरी ईंटें सिर पर उठाता है ...
इमारतें ऊँची वो इस तरह बनाता है ...

वो मज़दूर का बच्चा है, गिरा है तो उठ जाएगा ...
किसी अमीर का होता, तो हादसा हो गया होता ...

शाम को थक कर ...टूटी झोंपड़ियों में सो जाता है ...
वो मज़दूर जो इमारतें ...ऊँची बनाता है ...

सीमेंट से सने हाथ–पैर लिये,
किसी के सपनों का घर बनाकर लौट रहा वो मज़दूर ...
ज़रा सी जगह ढूँढ़ेगा फुटपाथ पर और सो जाएगा ...

सो जाते हैं मशीनों की आवाज़ सुनकर ...
बच्चे मज़दूरों के, लोरी नहीं सुना करते ...

नींद की गोलियाँ खरीदते हैं बाज़ारों से ...
जो फुटपाथों पर सोये हुए मज़दूरों पर रहम खाते हैं ...

रेत के ढेर पर ईंट से रास्ते बनाकर खुश हो जाते हैं ...
बच्चे मज़दूरों के, खिलौनों के लिए रोया नहीं करते ...

□

दफ्तर

कुछ वक़्त बेच कर अपना ...
बस अभी-अभी घर लौटा हूँ ...

एक कील है दरवाज़े के पीछे लगी हुई, थोड़ी उम्रदराज़ है ...
मेरे घर लौटने के बाद दफ्तर का बोझ उठा लेती है, सुबह तक ...

ऑफिस के ए.सी. से आज़ादी मिली ...
अब घर के पंखे की ओर चला जाए ...

क्यों दफ्तर में खुद को ज़रा-ज़रा सा छोड़ आते हो .?..
घर आते हो तो पूरा घर आया करो ...

घर से दफ्तर, दफ्तर से घर ...
इस सफर में जाने क्या-क्या छोड़ आए हम ...?

ज़रा देर तक दफ्तर के साथ क्या बैठ लिया ...
घर रूठ गया हमसे ...

थक-हारकर शाम को फिर घर को चला हूँ मैं ...
परिंदों से जैसे, कोई शर्त लगा बैठा हूँ मैं ...

दफ्तर से कभी जल्दी घर आ जाता हूँ, कभी देर से ...
कभी रिश्तों को सँभालता हूँ कभी किस्तों को ...

दीवार पर टँगे कैलेंडर से नज़रें चुरा रहा हूँ ...
इतवार है, घर से चुपचाप दफ्तर जा रहा हूँ ...

बिक जाते हैं, यहाँ जाने क्या-क्या सामान ...?
हमने ज़मीर तक तराज़ू में देखे इन दफ्तरों में ...

मैं थक–हारकर अभी–अभी दफ्तर से घर लौटा हूँ ...
वो परिंदा घोंसले में अपने, कब का सो गया ...

रुकी हुई सरकारी दफ्तरों की कुछ फाइलें ...
इश्क़ इकतरफा, जैसे कोई ...

लैपटॉप कंधे पर लटकाए, फिर चला हूँ घर को ...
रोज़ की कैद है, रोज़ की रिहाई है ...

शाम की चाय दफ्तर में ...
किसी जेल में बँटी हो, जैसे मिठाई कोई ...

परिंदे लौट आते हैं दिन ढलते ही ...
दफ्तरों की हर जगह, लगाम नहीं होती ...

इक इतवार ही है, जो रिश्तों को सँभालता है ...
बाकी दिन किस्तों को सँभालने में खर्च हो जाते हैं ...

उधार की ज़िंदगी जीते हैं ...
तेरे प्यार की किस्तें, अब भी बाकी हैं ...

कार की चाबी लटकी है उस दीवार पर ...
एक तो किस्तें, ऊपर से नुमाइश भी ...?

किस्तें जोड़-जोड़कर घर बनाया था ...
और खुद को जोड़-जोड़कर किस्तें ...

किस्तें टकराती हैं, हर महीने खातों से ...
मैंने कुछ तूफानों को, कभी थमते नहीं देखा ...

ज़िंदगी जब मिली तो किस्तों में मिली ...
मैं मयखाने में जब था, ये शिकायत न थी ...

तुम बिक चुके हो, बिक चुका हूँ मैं भी ...
किस्तें आ जाती हैं हमारी, हर पहली तारीख को ...

दफ्तर से घर, कभी जल्दी आ जाता हूँ, कभी देर से ...
कभी रिश्तों को सँभालता हूँ, कभी किस्तों को ...

पेट्रोल को जाने किस बात का गुरूर है ...
कार मेरी आज भी किस्तों से चलती है ...

मैं, घर, और किस्तें ...
एक-दूसरे को सँभालते हैं ...

रात को अक्सर ठीक से नींद नहीं आती ...
घर की किस्तें कमबख़्त, चिल्लाती बहुत हैं ...

उम्र तनख्वाह की लंबी नहीं है ...
और ख़्वाहिशें बच्चों की रोज़ जवाँ होती हैं ...

किस्तें कुतर रही हैं, तनख्वाह को मेरी ...
ख़्वाहिशों की चादर के, सुराख दिखने लगे हैं ...

किस्तों की बनती नहीं तनख्वाह से मेरी ...
मैंने घर के कुछ झगड़ों को, सबसे छुपा रखा है ...

तरसता हूँ इस तरह तुम्हारे लिए ...
जैसे किस्तें तरसती हैं तनख्वाह को ...

तुम्हारी तनख्वाह कहाँ-से-कहाँ पहुँच गई ...
वो भिखारी एक रुपए पर था, एक रुपए पर ही रहा ...

मेरी तनख्वाह मुझ पर हँसती है ...
मेरी ख़्वाहिशों का उसे सब पता है ...

वक़्त क्या है उनसे पूछिए ...
जो रोज़, बची तनख्वाह गिनते हैं ...

सहमी सी बची हुई तनख्वाह ...
रोज़ पूछती है, आज तारीख क्या हुई ...?

दीवार पर टँगे कैलेंडर का फिर पन्ना पलट गया ...
नया महीना पैदा हुआ है, नई ज़रूरतें फिर साँस लेंगी ...

□

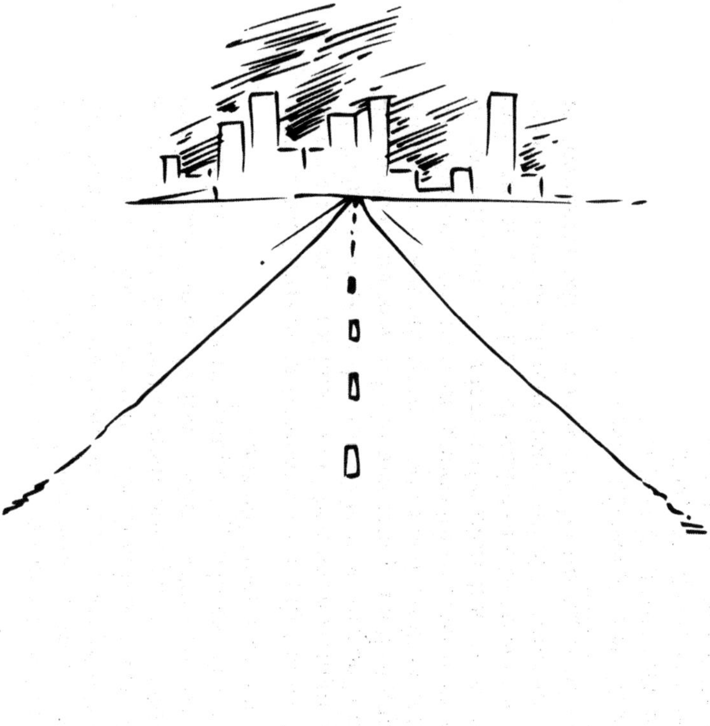

रास्ता

लौटने को तो लौटकर भी आ जाता मैं ...
पर वक़्त की हवा कमबख़्त, कदमों के निशाँ भी उड़ाकर ले गई ...

आओ रास्तों की बातें करें ...
मंज़िलों में, रखा क्या है ...?

काँटों की नोक पर कुछ खून सा लगा है ...
कोई शख़्स हौंसलेवाला रहा होगा ...

जाने किस मोड़ पर कौन मिल जाए ...?
सबकुछ लुटाकर अपना, बस एक हँसी सँभाल रखी है ...

हादसों से बचकर रहिए ...
शहर में कोई अपना नहीं है ...

काँटों के कुछ निशाँ भी थे उसके पैरों में ...
पर लोग उसके हाथों की, लकीरें देखते रहे ...

जिन्हें रास्ते रास आए वो बस गए हैं कहीं ...
जो मंज़िल की तलाश में थे, अब तक रास्तों में हैं ...

न जाने किस सफर में हूँ मैं ...
मंज़िल भी लगे है जैसे रास्ता कोई ...

पहुँच के मंज़िलों पर ...
कुछ रास्ते, बहुत याद आए ...

मंज़िलें भी थीं, रास्ते भी थे ...
मुझे जिसकी तलाश थी, हमसफर था कोई ...

मंज़िलों से कह दो मेरा खौ़फ़ न करें ...
रास्तों पर चलना, बस आदत है मेरी ...

ये ज़रूरी नहीं कि हर सफर की मंज़िल हो ...
पर ये ज़रूरी है कि हमसफर हो कोई ...

रास्ते के पत्थर बदल रहे थे घड़ी–घड़ी ...
इक यही इशारा था कि आगे बढ़ रहा हूँ मैं ...

सफर–सफर की बात है ...
कभी रास्ते नहीं, कभी मंज़िलें नहीं ...

तुम बात करते हो रास्तों की ...?
मैंने शहर अजनबी देखे हैं ...

मैंने फिर मुड़कर नहीं देखा ...
उस ओर से भी, कोई आवाज़ नहीं आई ...

तुमने एक बार मुड़ के देखा होता ...
मेरे कदमों में वफा तब भी थी ...

□

याद

कुछ पुरानी तस्वीरें ही बची हैं अब ...
रिश्ते तो कब के धुँधला गए ...

उन मुस्कुराती तस्वीरों ने दीवारों के ...
जाने कितने ज़ख्म छुपा रखे हैं ...

तह की हुई कमीज़ों के नीचे, एक तस्वीर दबा रखी है ...
कुछ बातें ऐसी हैं, जो सबसे छुपा रखी हैं ...

उसे भूलने की आदत थी ...
मुझे ये याद न रहा ...

कुछ याद था मुझे ...
कुछ तो था, कुछ तो था ...

जो भूल गया मुझे ...
याद बहुत आता है ...

वो जो तस्वीर टँगी है न दीवार पर ...
घड़ी की तरह कभी-कभी वक़्त बताती है ...

तुझे गुज़रे हुए एक अरसा बीत गया ...
पर तेरी यादों की उम्र, अब भी वही है ...

तुझे भुलाना मुमकिन नहीं ...
मेरी कोशिश है, मैं खुद को याद न रहूँ ...

कौन कहता है वक़्त मरता नहीं ...?
हमने सालों को खत्म होते देखा, दिसंबर में ...

फटी–पुरानी फिल्म की टिकट, निकली आज अलमारी से ...
मुर्दा फूल मिले हों जैसे, फिर आकर उस क्यारी से ...

बस उम्र की बात है ...
वरना क्या बदला है यहाँ ...?

ज़ेहन में अब भी साँस लेता है ...
कौन कहता है, गुज़र गया है वो ...?

तुम जहाँ से मुझे भूल गए थे ...
मैं याद तुम्हें, वहाँ से करता हूँ ...

फिर भूल कर तुझे ...
बहुत कुछ याद आया ...

अजनबी थे तो अच्छा था ...
इस जान-पहचान ने कमबख़्त, फ़ासले बढ़ा दिए ...

मुझे याद गर जो होता तेरा नाम क्यों न लेता ...
मेरा सवाल ये है कि शख़्स हूँ मैं कौन ...?

मैं अकेला ही ठीक था ...
तेरी यादों के साथ, गुज़ारा नहीं होता ...

तू अब भी मौजूद है मुझमें कहीं-न-कहीं ...
चंद तस्वीरें जला देने से, कोई जुदा नहीं होता ...

तेरी तस्वीर जला दी हमने एक पुरानी झोंपड़ी की तरह ...
तेरी यादों के पक्के मकान को गिराएँ कैसे ...?

मैं क्या-क्या भूल चूका हूँ ...
मुझे सब याद है ...

याद नहीं ग़म क्या था, कुछ तो था ...
कुछ कहा था उसने, पर दोहराया नहीं था ...

वो गली के उस मोड़ पर ...
जो खाली मकान है, यादों से भरा पड़ा है ...

वो चैन से न सो पाया मुझे भुलाकर ...
मुझे भी नींद न आई उसकी याद में ...

वो तो कब का भुला चुका है हमें ...
क्या करें हम, कि हमें हुनर ये आता नहीं ...

□

मज़हब

दीवारें बनाती हैं मंदिरें और मस्जिदें ...
मंदिरों और मस्जिदों से दीवारें नहीं बनतीं ...

आवाज़ मस्जिदों से भी आई, मंदिरों से भी ...
कान मुसलमाँ हुए कुछ, कुछ हिंदू हो गए ...

ईद में सेंवई, दिवाली में गुजिये, क्रिसमस में केक ...
अपनी ज़ुबाँ को मैंने, हर मज़हब की तालीम दी है ...

कभी किसी अजनबी की तरफ मुस्कुराकर देखिए ...
मंदिरों–मस्जिदों में, रखा क्या है ...?

कभी मंदिर पर बैठते हैं, कभी मस्जिद पर बैठते हैं ...
ये इसलिए, के परिंदों में नेता नहीं होते ...

कभी मंदिरों पर नज़र आते हैं, कभी मस्जिदों पर नज़र आते हैं ...
मज़हब परिंदों के, रोज़ बदल जाते हैं ...

कहाँ गीता, कुरान में उलझे हो साहब ...
कॉपी उठाओ किसी बच्चे की, ख़ुदा पा जाओगे ...

गुज़र जाते हैं उँगलियों से दीवारें छू-छूकर ...
बच्चों को मंदिर क्या, मस्जिद क्या ...?

चलो फिर मज़हबों की बात करें ...
हादसा फिर हुआ है शहर में ...

बच्चों को मज़हबों का इल्म नहीं होता ...
निकल जाते हैं मंदिर को, सलाम करते-करते ...

मज़हबों से जो बचकर निकले ...
दौलतों ने बाँट दिया हमें ...

ये गरीब, वो अमीर ...
मज़हबों की हमें ज़रूरत थी कहाँ ...?

ये जो ईंटें देख रहे हो, ये जब इमारतों में लगेंगी ...
कुछ मस्जिद कहलाएँगी, कुछ मंदिर ...

मुर्दा थे सब-के-सब ...
चढ़े थे फूल, जो ज़िंदगी की दुआ में ...

जब चाहे मंदिर चला जाऊँ, जब चाहे मस्जिद ...
मैं भी आज़ादी, परिंदों सी चाहता हूँ ...

□

गाँव...खेत...पेड़...

घर न जाऊँ किसी के तो रूठ जाते हैं ...
गाँवों में अब भी वो तहज़ीब बाकी है ...

अपने बँगले के बागों में तुमने जो माली लगाया है ...
सुना है वो गाँव के खेत, बेचकर आया है ...

इमारतों की नकली परत है तुम्हारे शहर में ...
मेरे गाँव में अब भी, खालिस घर बाकी है ...

उस गाँव में स्कूल नहीं है, अस्पताल नहीं है, सड़कें भी नहीं हैं ...
पर एक मंदिर है, एक मस्जिद भी है ...

उसके कपड़ों से गाँव की बू आती है ...
तुम्हारे लहजे से, शहर की ...

गाँव में आई है बाढ़ तो बच्चे खुश हैं इस बात पर ...
कि आसमान में फिर, हेलीकॉप्टर नज़र आएगा ...

तेरे शहर में इमारतें बहुत हैं ...
मेरे गाँव में हैं घर कई ...

पेप्सी और कोक पहुँच चुके हैं, उस गाँव में ...
स्कूल और अस्पताल को शायद वक़्त लगेगा ...

बंदूक है सरहद पर खड़े उस फौजी के हाथ में ...
माँ-बाप जिसके गाँव में, डरे-डरे से रहते हैं ...

वो गाँव जब मरा ...
शहर हो गया ...

सारे गाँव की वो, गायें चराता है ...
अपनी भूख मिटाने को ...

खेत बिके, इमारतें बनीं ...
उन्हीं इमारतों की बालकनियों में, अब गमले लगे हैं ...

गायें बैठी हैं सड़कों पर ...
खेतों में अब इमारतें खड़ी हैं ...

खेत जिसके सूखे-सूखे से थे ...
आँखें उसी की, नम निकलीं ...

चमचमाती प्लास्टिक की पन्नियों में बिकते वो दाल-चावल ...
फटे-पुराने कुर्तेवाला किसान उगाता है ...

छत टपकती है उसके कच्चे घर की ...
वो किसान फिर भी, बारिश की दुआ करता है ...

जाने क्या बोया था खेतों में पिछले साल ...?
आज इमारतें खड़ीं नज़र आती हैं ...

जिस पौधे को सींच-सींच ज़िंदा रखा उसने ...
कल उसी पेड़ से लटककर मर गया वो ...

जो खेत पेट भरते थे जाने कितनों का ...?
देखो उन्हें आज इमारतें खा गईं ...

दो सौ पन्नों की रिपोर्ट बनी फिर उस पर ...
एक छोटा सा खत लिखकर, जो किसान मर गया ...

नंगे पैर बरसात में, जब वो कीचड़ में जाता है ...
महकता हुआ बासमती, तुम्हारे घर आता है ...

पिताजी खेतों में धान उगाते थे ...
बेटा बालकनी के गमलों में गुलाब लगाता है ...

प्लास्टिक की पन्नियों में लिपटे दाल–चावल देखकर ...
अपने बिके खेत बहुत याद आए ...

वो वेटर बन होटलों में जीरा–राइस परोसता है ...
जो धान अपने खेतों में उगाता था कभी ...

सल्फास फसलों को तो ज़िंदगी न दे पाई ...
हाँ, पर उस किसान की जान ज़रूर ले गई ...

परिंदा गाँव से शहर आया है ...
पुराना दरख़्त कोई, किसी ने गिराया है ...

उस पेड़ के नीचे जो बारिशों का मज़ा था ...
बारिशों जैसा कहाँ था ...?

एक परिंदा आकर रोज़ मेरी खिड़कियों से टकराता है ...
कभी इस इमारत की जगह, इक दरख़्त रहा होगा ...

एक सूखा सा पेड़ लगा है आँगन में ...
कौन कहता है सिर्फ बच्चे अनाथ होते हैं ...?

नीचे पड़े सूखे पत्तों पर किसी की नज़र न पड़ी ...
फूल बड़े सुंदर थे उस पेड़ के ...

बहुत भीड़ थी उस बुजुर्ग के जनाज़े में ...
कोई बड़ा पेड़ गिरने पर जैसे परिंदे निकल आते हैं ...

लिपटी हुई है वो मुलायम बेल, उस सख्त दरख़्त से ऐसे ...
मासूम बच्चा, किसी बुज़ुर्ग से, कोई ज़िद कर बैठा हो जैसे ...

व्हाट्सऐप है आज हर मोबाइल में ...
नुक्कड़ का वो बूढ़ा बरगद, चार दोस्तों को तरसता है ...

वो गली का पुराना पेड़ बरगद का ...
वक़्त को रोके अब तक खड़ा है ...

वो बरगद का पेड़ उस नुक्कड़ पर उदास सा है ...
सुना है गाँव में कल, कोई बुज़ुर्ग गुज़र गया ...

हर शख़्स शहर में यहाँ अजनबी सा लगे ...
और मेरे गाँव का वो बूढ़ा पेड़ भी, मेरे यार सा है ...

□□□